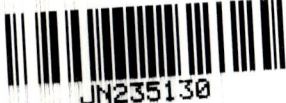

大人のための
スイートスタイル
BOOK

桜沢エリカ

*

エリカの
偏愛
クローゼット

メディアファクトリー

はじめに

子どもの頃からおしゃれが大好き。大人になってからは、とにかく「欲しい！」と思ったものを、手当たりしだいに買っては手放すことを繰り返していました。もちろんその時々の流行やライフスタイルによって、好きなブランドやテイストは移り変わっていったけれど、私がずっと変わらずに好きだったのは、〝かわいい〟ものたちでした。

甘いフリルやリボン、レース使いのアイテムに目がなかった十代、生まれて初めてシャネルスーツを手に入れた二十代、シーズンごとに高級メゾンの新作を買い求めた三十代。そして結婚・出産・子育てを経て、またおしゃれへの情熱が再燃している現在。たくさんのお金を遣い、たくさんの失敗もしたからこそ、やっと気負わずに十代や二十代の頃とは違った着こなしで〝かわいい〟を楽しめるようになったのです。

かわいいけれど甘すぎない、どこか上品さを残している、そんなエリカ流〝大人のためのスイートスタイル〟を実際の私のクローゼットのお気に入りたちを通して紹介していこうと思います。「年を重ねても〝かわいい〟はあきらめたくない」、そんなあなたの着こなしの参考になれば幸いです。

CONTENTS

CHAPTER 5 DRESS

ドレス

CHAPTER 6 COAT

コート

CHAPTER 7 OTHER ITEMS

その他小物

BOOK DESIGN
ALBIREO

CHAPTER
1

DENIM

誰もが1本は持っている定番中の定番アイテム・デニム。アイテムによって異なるシルエットと、素材が持つカジュアルなイメージを逆手にとって、女らしさとかわいらしさを強調したい

DENIM*

スキニーデニム

ストレッチデニムを使ったスキニーは
ラクで便利な万能アイテム！
スキニーすぎないものを選べば
着こなしの幅が広がります。

黒ものと色ものとで、なんとなく分けて収納。Tシャツや寝間着、下着などは引き出しに。クローゼットは三十代の時に思い切って買ったイタリアのデ・パドヴァ社のもの。死ぬまで大事に使います！

ERICA'S
REAL
CLOSET

最近はもっぱらL.A.ブランド・AGのデニムばかり偏愛中。はいた時のラインがきれいなところと、ダメージの入り具合がお気に入りポイント♡

ざっくりした七分袖ニットは
もちろんインナーで腰まわりを防御。
ストライプのあったかインナー使えます!
ムートンブーツならショート丈が素敵♡
長めなら折り返すのも良し。

オーバーブラウスに大判ストール
巻かずにかけ流すと難なくきれいに見える。
スキニー&ブーツは春までいける!

スキニー＋ブーツスタイルが夏以外のシーズンの定番。カットソーはエンフォルド（ENFÖLD）のもの。エンフォルドは植田みずきさんが手がけるブランドで、最近、大のお気に入りなのです

気をつけよう!!

いちばん気をつけたいのは
ラクすぎて

ごはんを
食べすぎて
しまうことかも

ラクなので
つい気づけば
「毎日
スキニー!?」に。
注意!!

夏はミュールや
バレエシューズを
合わせて

足をより
きゃしゃで細く
見せてしまおう。

ジャストの丈だと
足が短く見えるので
あえて長めをはこう。

どんなに
ラクでも私は
「レギパン」は
いやなのです

なぜなら
かっこよく
ないから!!

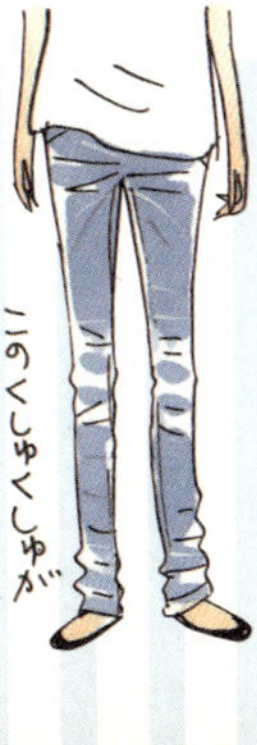

このくしゅくしゅが
可愛いし♥

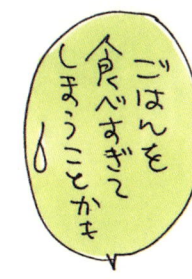

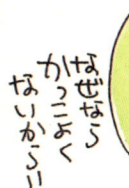

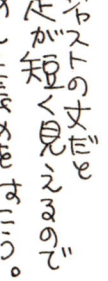

ボーイフレンドデニム

メンズアイテムは女らしさを強調する武器。

トップスから靴・小物まできゃしゃな印象のものを合わせて活かそう！

ルシアン ペラフィネのボーダーTにボーイフレンドデニム、足元はルブタンですね。「ボーイフレンドデニムは生足で!」と決めているので、私にとっては季節限定デニム

これぞ鉄板!!の
白いフリル付きブラウス。
やりすぎ感をデニムが消してくれる。
髪はゆるく。
まとめる時は
ルーズに。
トップスが甘めの時はローヒールに。
浅めのバレエシューズで「指の股」見せ!
裾ロールアップで
足首出しが基本。
生アシが前提です!
寒がりの
私にはね、
つらい〜.
ひかえめなトップスなら
アンクレットで女度を底上げ!
足元は「赤」も効果的。

HTCじゃないけど、下の太いのは伊勢丹メンズのセールにて購入。スワロとキラキラの大きめスタッズがすごくかわいい。腰ばきを意識するとベルトは男物に限る!

気をつけよう!!

大きいサイズを
ベルトでしめ上げると
20年前の着こなしに…。

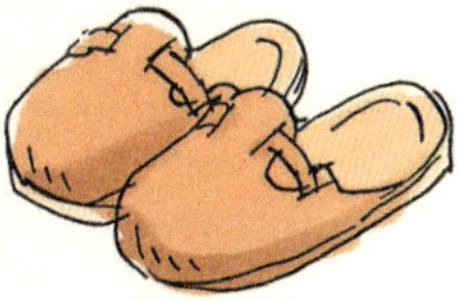

ビルケンに合わせると
朝のゴミ出し??

大きめサイズの
Tシャツも…。

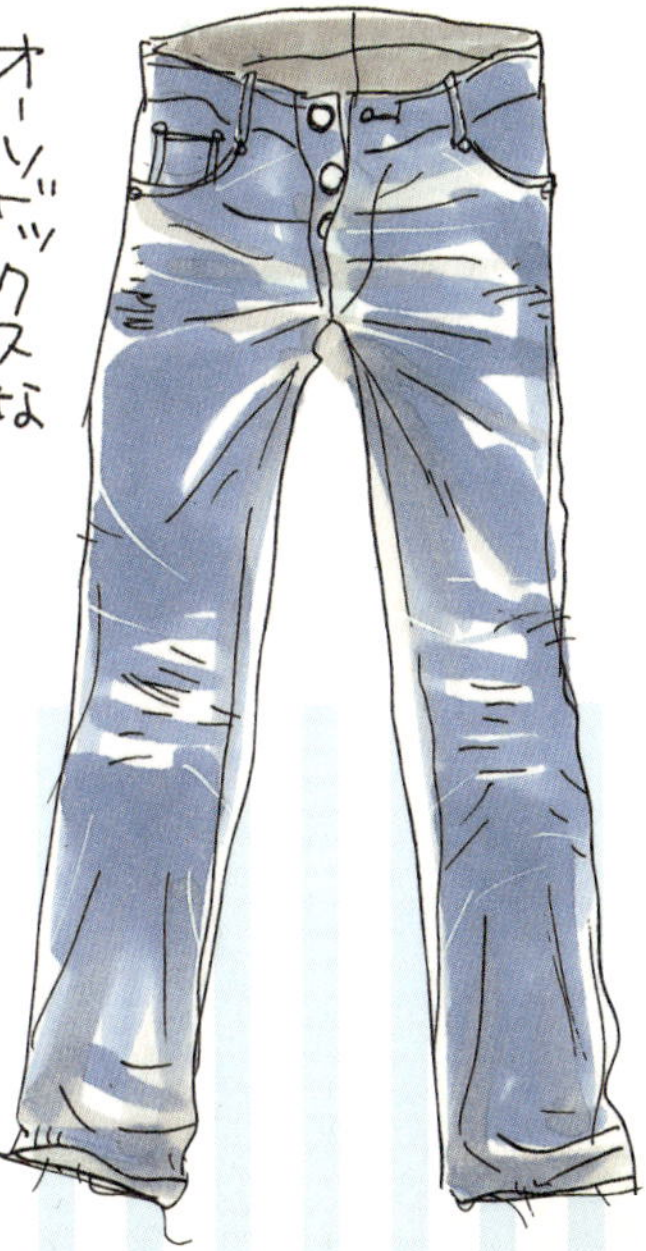

オーソドックスな
ストレートデニムなら
腰で止まるくらいの
サイズのものを。
しっかりと腰骨まで
下げてはくと素敵。

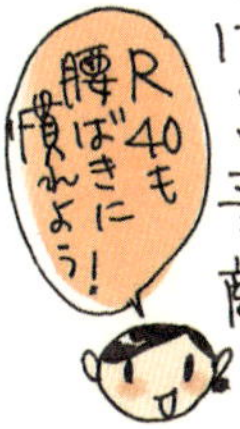

しわやヒゲが
ま横に入るかんじで。

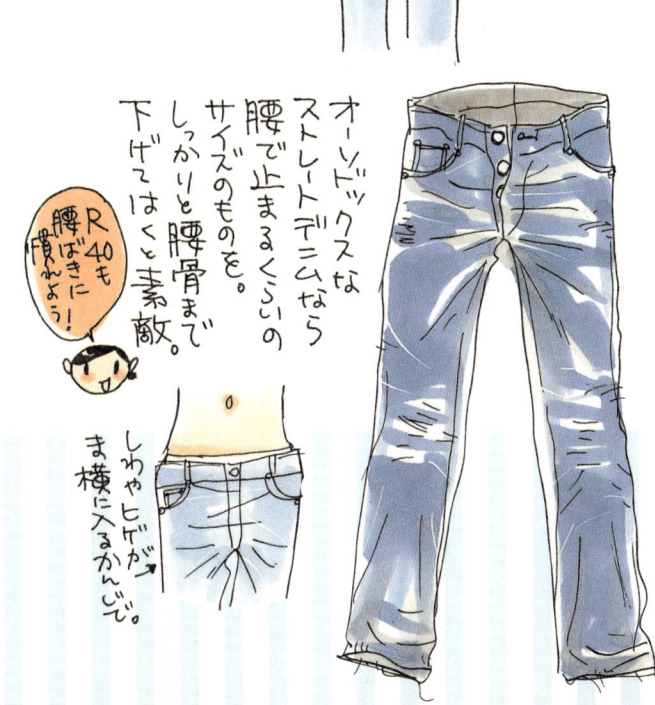

デニムアイテム

デニムは着崩し感の塩《あん》梅《ばい》が。
きちんとしたアイテムと合わせると上品に。

一本あるとかなり便利

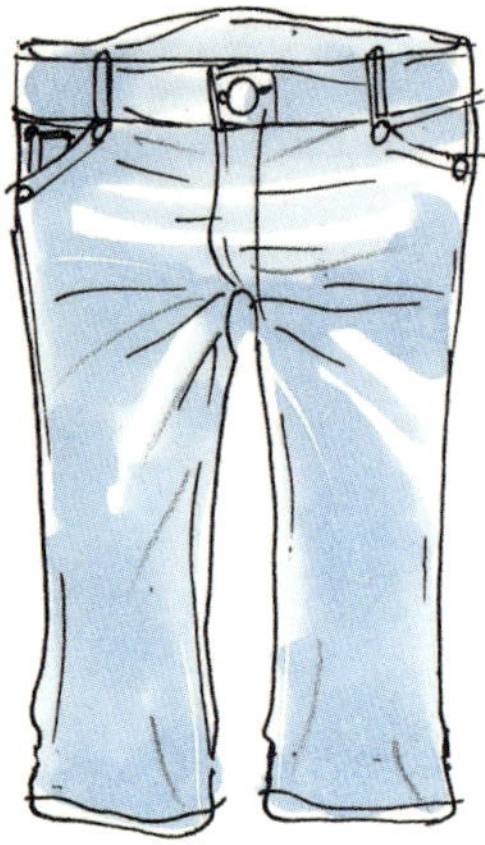

ひざが隠れる丈のものなら
すそを折り返せばまた
違う表情に！

中途ハンパな丈よりもいっそマイクロショートに

すそを折り返すと
よりカジュアルで若め。
R40ならキレイに始末
されたものを選ぼう。

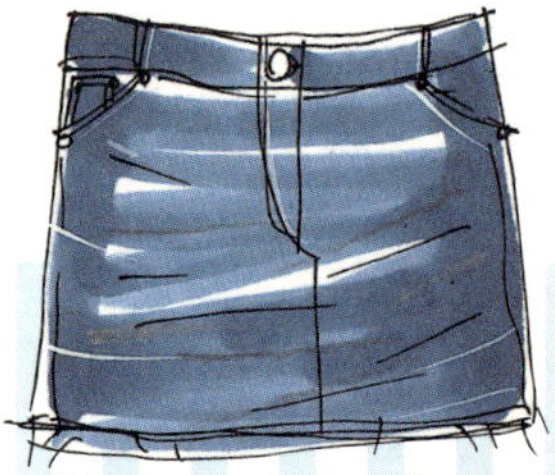

なんでもないデニムスカートは
すそ切りで長さを微調整。
切りっ放しもアリです。

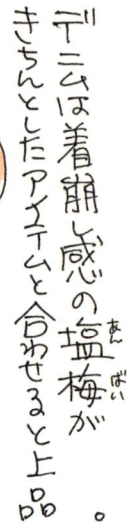

とろみのある
カシミアの
ロングカーディガンは
羽織るだけで
おしゃれ度が上がる
神アイテム!
ネックレスがわりに薄手のストールも素敵♡
ブーツ、ボトムともに
中途ハンパ具合が可愛い。
透け感の
あるトップスを合わせれば
ディナーもカバー。

無性にショートパンツが欲しくなって、中途半端丈デニムのすそを切っちゃいました。若い子みたいにポケットがすそから見えちゃう丈は無理だけど、レギンスやタイツを合わせればOK！

ピエール マントゥーのレースタイツ。レッグウエアはすぐにモデルチェンジしちゃうから、常にストックを。ダナ キャランの“生足より美しく見える”ストッキングがなくなったのは痛い……

マイクロ丈の時にこそ神アイテム招喚!!

ニーハイやサイハイブーツもスウエードならハードル低し。大人だって"絶対領域"見せて。

SMの女王サマっぽく見えたら失敗！

トップスが長すぎてボトム部分が見えないと「ノーボトム!」の人に見えてしまいます。

マイクロショートはやりすぎ感を消すのがミソ。シューズをラウンドトウにすれば恐さ半減。

グレーベージュのエナメルパンプスはファビオ ルスコーニのもの。ここはお手頃価格なのにかわいくて上質なものが多く、最近のお気に入り。ブーツもおすすめ

COLUMN
1

エリカのデニム遍歴

初めておしゃれを意識してデニムをはいたのは、たぶん中学生の頃。今はなき雑誌『mcシスター』の愛読者だったので、「〝デニムに白Tシャツ〟がシンプルでカッコイイ！」と思ってはいていました。フランスに憧れていた20歳の頃にはシピーなどフレンチカジュアルブランドのデニムに夢中で、国産でもドゥファミリィ、45ｒｐｍなど、どこかソフトな印象のデニムが多かった気がします。

そして初めてパリを訪れた21歳の時、パリジェンヌたちがみんなリーバイスの古着を小粋にはきこなしていたのを見て、がく然としました。誰もフレンチブランドのデニムなんてはいていない！　もちろん帰国後、即リーバイスを購入したものです。

あまりデニムのイメージがない私ですが、真夏以外はほぼ一年中はいているほどのデニム好き。きっとおばあちゃんになってもデニムははいているんだろうな、と思っています。

一時期、周りのおしゃれな人たちが誰もデニムをはかなくなっていた時期があって、その頃だけは遠ざかっていましたね。一体あのムーブメント（？）はなんだったのでしょうか…？　今思うと、あれはデニムブームの谷間だったのかも。

この章で紹介しているスキニーやボーイフレンドデニムは、流行りすたりに関係なく、この先もずっとはいていくであろう、私にとっての一生もののアイテム。また新しいスタイルのデニムが流行したとしても、クローゼットの取り出しやすい位置で出番を待っているはずです。

CHAPTER
2

JACKET

*

羽織るだけでシックな印象に仕上がるジャケットは大人の女性なら1枚は持っていたいもの。コンサバからカジュアル、普段使いまで、着こなししだいでコーディネートの幅が広がります

JACKET*

テーラードジャケット

男前なテーラードJKは
堅苦しいイメージになりがちだけど
上手く使えば女っぷりをブーストできる。

ストレッチが
入っている素材を選べば
からだも心もラクに着こなせます。

JK選びは
とにかく肩が大事!
袖・ウエストも
タイトに。

ケイト・モスになりたくて(笑)買ったタキシードジャケットは、ステラ マッカートニー。細身ジャケットを探していた時に衝動買い。意外に合わせやすくて、カジュアルを一気に格上げしてくれる優れもの

ERICA'S
REAL
CLOSET

アレキサンダー・マックイーン存命中の頃のスーツには、たくさんの安全ピンがブローチ風についていました。これはマネできるアイデア

短めの丈のJKなら
とことん女らしいコーディネイトが
おすすめ！
あえてのノーアクセで
素肌感を出して。
ボウタイ
ブラウスを合わせて
クラシックに。
甘すぎ！？くらいの
プリーツたっぷりスカートは
JKで引き締める。
ストッキングは
ナチュラルよりベージュグレーが
知的かつセクシー。
ヒールが高いと
女教師風？
乗馬ブーツは
ロングスカートに合わせると
上手くまとまる。

JACKET*

よくやりがちな
オーバーブラウス&デニムも
JKを羽織れば お出かけ用に！
「ランバン」で見っけました
切りっ放しの布を
リボンのように
使ったコサージュは
普段着の底上げに
ぴったり。
お昼間は→
これでショッピング
夜はJKを羽織って
ディナーへ。
長めのスキニーは
裾を折り返して
足首見せ。

22ページで紹介したステラのジャケットはショートパンツに合わせても、若くなりすぎない！ バレエを観に劇場に行く時に、お気に入りのジャケットがあるとコーディネートに困りません

ノーカラージャケット

ツイードのノーカラーJKは
コーディネート次第で
コンサバにもカジュアルにもなる優れもの。

さらっとカーディガン感覚で羽織れるのも魅力。

憧れはやっぱりシャネル♡
最近は手頃なものもたくさんあるので色々試そう!

選ぶ時は肩が小さく袖ぐりがワキにぴったりはまるものを!

ツイードは大きめだとゴツく見えるのでNGです

アレキサンダー マックイーンのスカル柄スカーフとファリエロ サルティのタイダイ風ストール。素材はコットンカシミヤ。黒とピンクのスカーフは派手すぎないのに差し色になる

コンサバ
なんでもな〜い
ワンピースに合わせて。
薄手の
シルクスカーフを
首元から流す。
↑結んでしまうと
CA化するので注意！
バイカラーの
パンプスは
小足効果が。
こうするだけで
オシャレ度UP!
ラフに着る時は思い切って
袖をたくし上げる。
デニムに合わせるのが
いちばん可愛いかも。
カジュアル

薄手のコットンJKは夏の強い味方。
てれんとしたサマードレスもJKを羽織れば夜のおでかけ着に。
薄手の革ならオールシーズンOK!
エレガントなキルティングバッグも気軽にななめがけ。

ノーカラージャケットいろいろ

ハードなイメージの革も淡い色めを選べば優しい印象に。

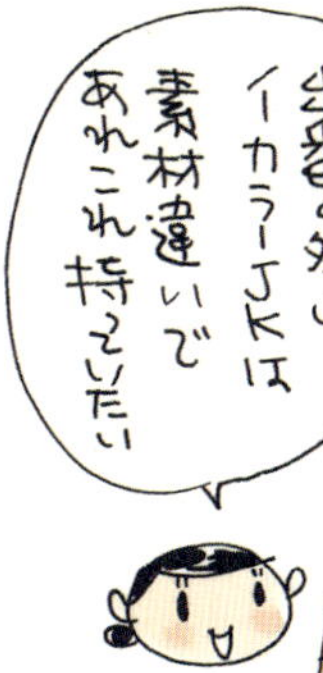

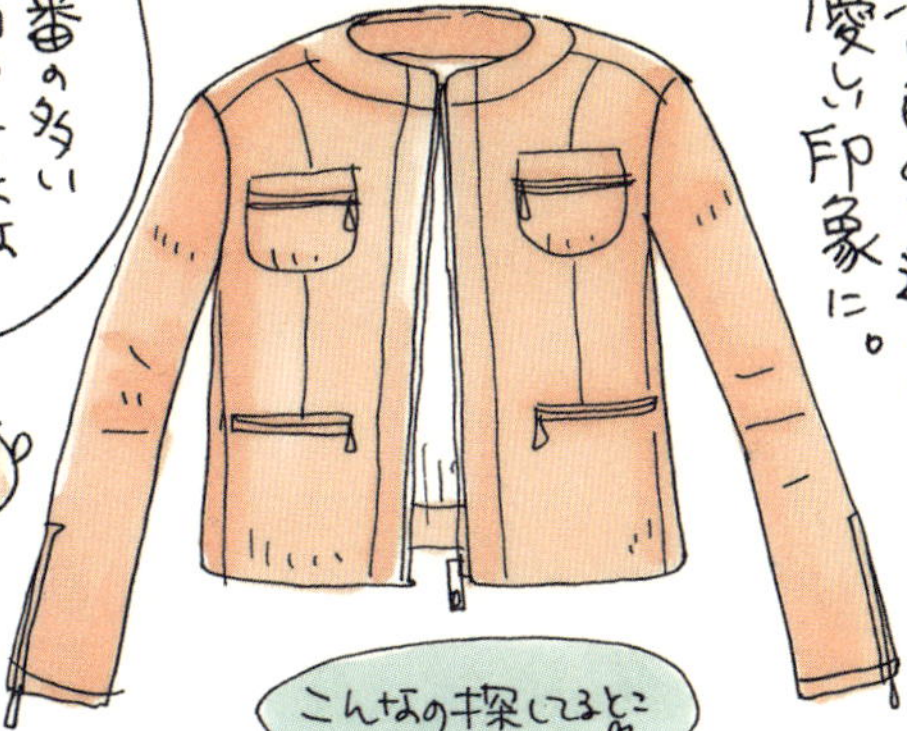

薄手のコットンJKは真夏の重宝アイテム。タンクトップやサマードレスにさらっと羽織れば「きちん」感が。

より柔かいイメージのニットJKはスパンコールやスワロフスキー付きなら夜のおでかけに大活躍！

ほぼ28ページ右のコーディネートで打ち合わせ。真夏の暑い時期でも、薄手のコットンジャケットがあれば心強い。特に夏場は派手な色を着がちなので、黒で一気にお仕事モードに。引き締まりますよ！

ライダースジャケット

ハードなイメージが強すぎて
手を出しにくいアイテムですが
上手く使えばとても素敵。

怖い印象を
中和させるのが
成功のカギです！

WARNING!
バイカー？
ロッカー？

安易にデニムと合わせると
「痛い人」になるかも…。

ロマンチックな
コーディネートの
スパイスに

5年くらい前に一目惚れしたレザーブランドAGATHAのライダース。このブランドはオノ・ヨーコやジェニファー・ロペス、カール・ラガーフェルドもご愛用だとか。ハードの極み！

髪もふんわりまとめて柔かさ全開。
シルクのプリントドレスもさりげなく着こなせる。
可愛いものとの相性はバッチリ！とことん甘くてもOK。
フリル付きインナーにコットンレースのスカート！
基本はスニーカーやローヒールで。怖くならないように。

イノセントなコットンワンピースも
ライダースと合わせれば気恥ずかしさ減!!
まっくろコーディネートは
素材ミックスで単調にならない。
透け感のある
ひらひらの
トップスも
甘さ中和で難なく。
ガーリーアイテムにライダースがおとなのお約束
まっくろなら
足元だけはカラフルに。

JACKET*

レース&パールの
ドレッシーなコーディネートも
ライダースがあれば気負わずいける。
白のクロップドパンツは
万能選手。
パーカーの上に
ラフに合わせるのも
こなれたかんじで可愛い。
ショートブーツなら
いかついかんじにならずに
合わせられる。

エバゴスのかごバッグに、パリで買った子供服ブランド・ボントンのブローチをつけてみました。エバゴスはかごなのに、革など異素材の合わせ方が好き

COLUMN
2

ジャケット＝着くずしのルール

漫画家である私にとって、ジャケットは日常的に着るアイテムではありません。そのせいか私にとって、ジャケットとは「着くずすもの」。「自分を真面目に見せる」ためにジャケットを着るというよりは、むしろジャケットの堅苦しい印象を「どこまで壊すことができるのか？」が着こなしのポイントになっています。

たとえば袖を思い切りロールアップしたり、パンクテイストのアクセサリーを重ねづけしたり、中に合わせるインナーをくたっとした印象のものにして〝抜け感〟を作ってみたり……。そんな私のジャケット選びの基準は、着くずすこと前提のせいか、逆にいかにも〝ジャケット〟というスタンダードなデザインのものであることが多いようです。

反面、ノーカラージャケットは、メンズライクなジャケットの中では、女らしさ全開のアイテム。かっちりしたツイード素材もいいのだけれど、私はさらに柔らかい印象を与えるニット素材のものに惹かれてしまいます。もちろん、単に着心地がいいというのも理由のひとつですが。

今まであまり意識したことはなかったのですが、ワイルドな印象のライダースに花柄ワンピを合わせるコーディネートも、ジャケット＝着くずしのルールに基づいているのかもしれません。

CHAPTER
3

TOPS

*

単品で着ても合わせて着ても、トップスはシルエットが命。お値段に関係なく、あなたの体型に合った1着がコーディネートの鍵に。お店では必ず試着をして、妥協しないで選びましょう

Tシャツ

ひとくちにTシャツといってもインナーとしてのお役立ちアイテムから一枚で主役を張れるエッジの効いたものまで実に様々!! シルエットや素材をよく吟味して選ぼう。

実は私一歩間違うとだらしなく見えがちなヨレTが好き……♡
MCシスターで「フルーツ・オブ・ザ・ルームのTシャツを知った時からずっと……

ERICA'S
REAL
CLOSET

インパクトのあるTシャツは
意外とどんなものにも
マッチして便利!
ルーズめの
プリントTも
トライバル系なら
大人っぽくておしゃれ。
可愛いアクセント付きTは
スカートにインして
さりげないかんじに。
デニムやショートパンツに
合わせても素敵。
黒のクロップドパンツに
合わせればシックに。

*トライバル柄＝民族的な模様のこと

夏はやっぱりTシャツ！ このスパンコールTは襟ぐりと袖ぐりの開きが広いので、下にH&MのTシャツを重ねています。Tシャツも、カジュアルすぎないけど派手なプリントのものなら、ちょっとしたお出かけにも

次に欲しいのは
お花たっぷりの
インパクトT。
持ってるだけで心ときめく♡
パンプス&ソックスも
これからやりたい♡
なんでもない
白Tにはジレ。
すっかり
定番化した
着こなしだけど
やっぱりおしゃれに見える。
サルエルパンツなんか
合わせたらかなり上級!!
モテから
遠ざかるのは
確実
ですが

見つけたらリピート買い推奨、オーガニックコットンを使ったH&MのTシャツ。首の開きがすごくきれいなので、ジャケットの下にもおすすめ

Tシャツ選びのポイント

見ただけではシルエットがわからないので必ず試着を!

ビッグ&ルーズなシルエットが流行りですが「寝巻きか!?」となりやすいので要注意!

おろした腕より長いのはおうち用かな…。

WARNING!!

首元の開きは大切! ネックレスを合わせるなら鎖骨が見えるくらいが断然かわいい♡

よく使っているマルニのネックレスたち。シンプルなTシャツに大ぶりモチーフのネックレスを合わせるだけで"おしゃれした感"が。リボンで長さも調節できます

ブラウス

ブラウスというと
コンサバな印象が強いけど
使い易いものがいっぱいある。

カジュアルアイテムと合わせれば
普段の着こなしも格上げに!

ブラウスは白、黒、茶など定番カラーで、少しだけ変わったデザインのものが使いやすい。一番手前の白はエンフォルド。55ページでサルエルパンツに合わせています

ノースリーブは気軽にデニムと合わせて。
夏のスキニーはロールアップで軽さを出して。
足は冷やしちゃいけません。ネットタイツは通年アイテム。
レースのドレスの上にブラウスを。
夜のお食事にはアクセを足して。

アズディン アライアのゴールドフラットシューズ。光っている素材の靴が大好きなので、見つけたら即買い！ デニムに合わせると足元が一気に華やぎますよ

オスカル様のような
ブラウスも
BFデニムなら
いつでもOK!
フランスばんざーい…
大げさになりがちな
レース＆パールは
迷わず
デニムと合わせて。
「買ったはいいけどどこに着てくの!?」みたいなアイテムは全部デニムに合わせてしまえ!!

クリスチャン ルブタンのパンプス。ビビッドな色の靴はワントーンコーデの差し色に最適。今欲しいのは赤い靴。映画『ショコラ』のジュリエット・ビノシュみたいに、どんな時でも赤い靴をはいていたい

TOPS*

実は便利なシルクのボウタイブラウス。

女教師風にコンサバに着たり
黒スーツと合わせて冠婚葬祭にも。
スカートがふつうすぎるとオバちゃん化??

女らしくて大好きなアイテム…♥

ボウタイを流してジレを羽織る。スキニーやショートパンツでカジュアルに。
もちろんミニスカートなんかも！

引っ越しの時に行方不明になって以来、2年ぶりに再会したお気に入りバッグ。メタリックでグラデーションという、地味なのに派手な見た目に一目惚れ。もう離さない！

フードパーカー

フードパーカーはあいまいな季節に役立つアイテム。

寒い日や急な小雨には被れるフードは実用的。しかもかっこよく見える！

フードはもっと活用しよう
外国だと被ってる人多いですよね
元々はスポーツアイテム。甘めコーディネートの引き締め役にも！

何にでも合わせやすいアライアの黒エナメル。ヒールは9センチくらいかな？ さすがにこの高さになると、気合いを入れないとはけません（笑）。パーティーや大事なお出かけの時に

フード物は
髪をタイトにまとめれば
小顔効果が！
レースのトップスも
相性良し。
ロングスカートは
薄手のものなら重くならない。

インパクトある
迷彩パーカーは
シンプルに着たい。
スキニーは
エンジニアブーツに
イン。

このページで紹介しているパーカーの後ろは、スタッズでスカルが浮かび上がるデザイン。大好きなペラフィネ、実はヤンキーアイテムなんじゃないかと、たまに思います（笑）

なんでもないコーディネートも
ちょいハデめなダウンベストがあるとおしゃれ度UP!
フードのヒモ、私は「抜く」派。
ヒモがないだけでおしゃれに見える
ノースリーブのワンピースもパーカーを羽織れば気軽に使える。

ふだん愛用中のパーカーは子供たちの通う小学校オリジナルのもの。1年生から大人まで、サイズも色も豊富なので、学校行事の時には、全員これを着て集合!

これから買うなら…

これから買うなら
丈が長めで
タイトなものを。

試着の時には
必ず
フードも被ってみて。

BFデニムに合わせるのは
フツーすぎて逆に難しい…。

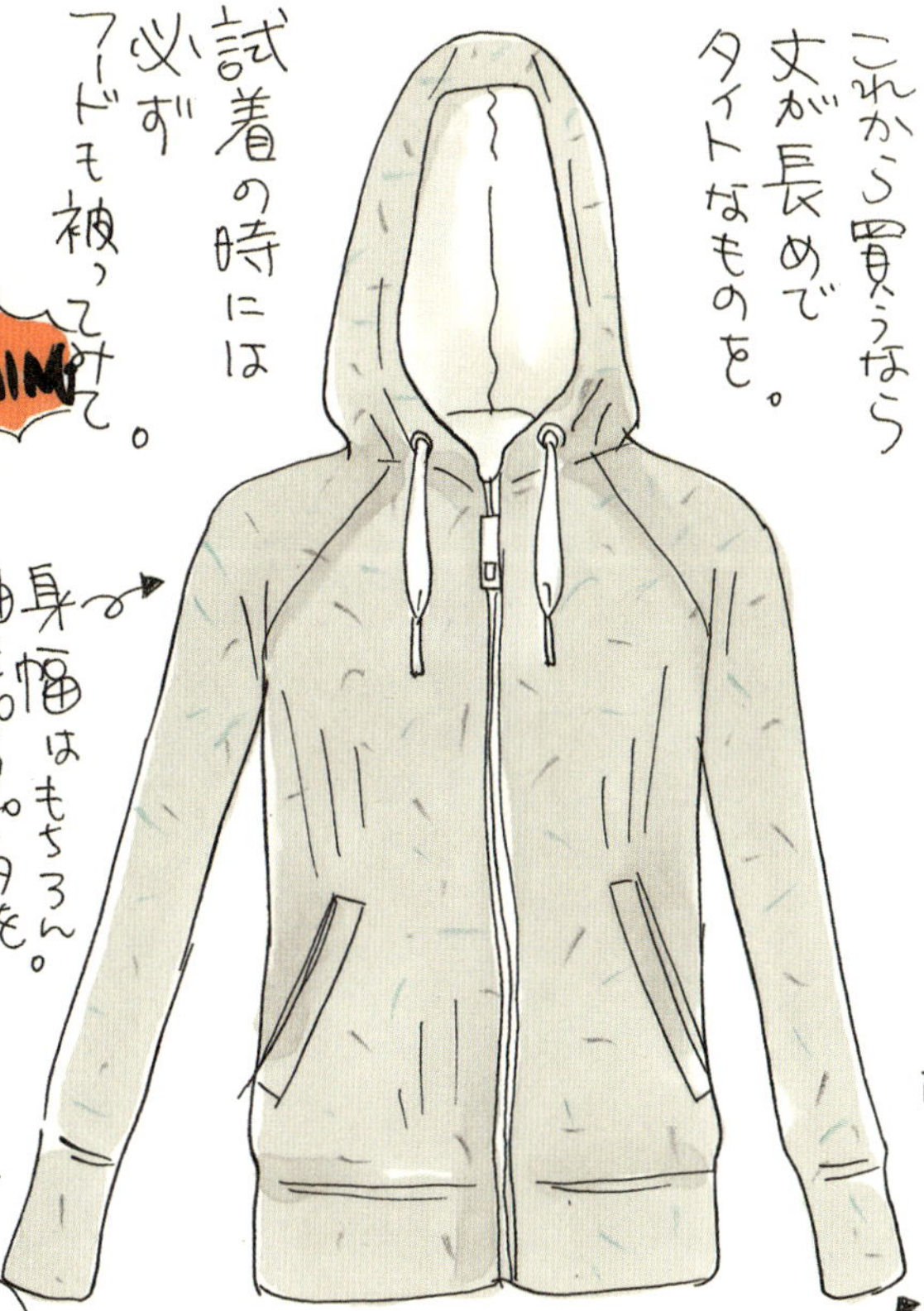

身幅はもちろん
袖もピタピタを。

☆「アディダスbyステラ」など
スポーツブランドを
探すと可愛いものが
見つかるかも！

私は
「ミズノ クリエイション」の
やつ着てます

裾もそで口も
リブで長めで
お願いします

昔買った
これはもう

NG!

・身幅が大きい
・丈が短い
・フードが小さすぎ
・そでまわりが太い
・リブが短い

諦めて
新しいのを
探そう…

部屋着かな…

コンビネーション ニット

レースやチュール、サテンなど
異素材がポイントになるニットが
新鮮で可愛い。

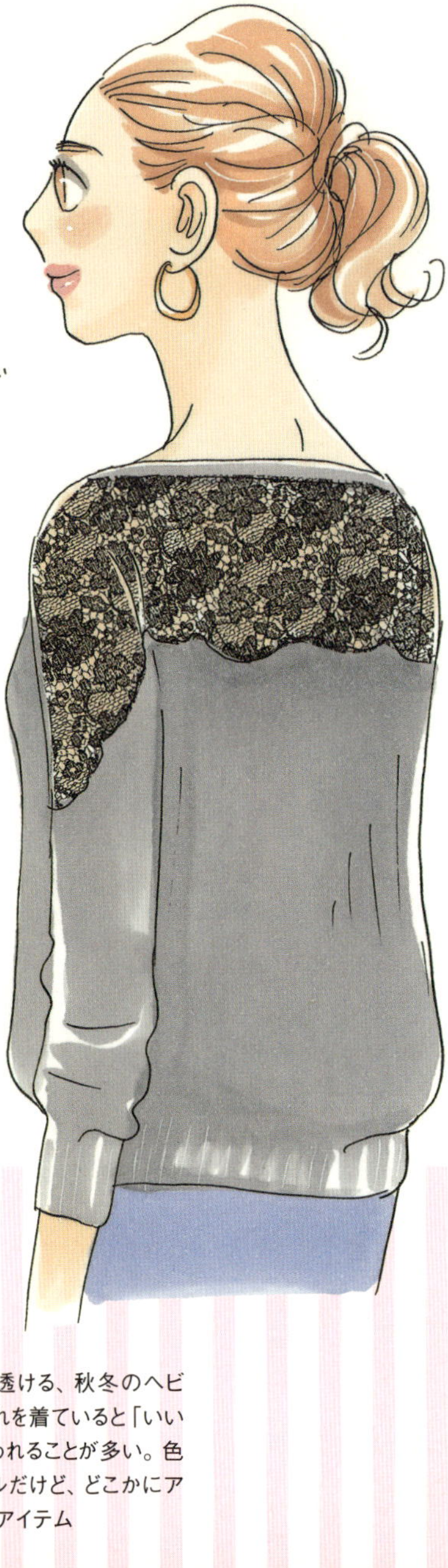

肩がきれいに透ける、秋冬のヘビロテニット。これを着ていると「いいね〜♡」と言われることが多い。色も形もシンプルだけど、どこかにアクセントがあるアイテム

バックスタイルが
衝撃的に可愛い
カーディガンはsacaiの定番。
甘くなりすぎ
ないように
ボトムはパンツがGood!
前は
フツウなのに

2年ほど前にパリで買った、カシミヤ100%なのに5千円くらいだったセーター。日本で着ていると「それってジバンシィの?」と間違われたことも（笑）。レース部分が多すぎて、真冬は寒いのが玉にキズ

ツインニット

夏の終わりから秋口の
空気がひんやりする時期が
ツインニットを着るタイミング。
刺しゅうやビーズ付きなど
可愛いものも多い♥

10年くらい前に買ったダナ キャランのスパンコールツインニット。今はデニムと合わせてドレスダウンさせてるけど、もっと年を取ったら、シルバーのタイトスカートと合わせてパーティーにも使いたい！

カーディガンを
ストールがわりに
巻いてみる。

コンサバな
イメージが強いけど
もっと気軽に
使いたいアイテム

半袖×長袖カーデ

カーディガンを
肩にかけるだけ。
シックで素敵♥

ノースリーブ×五分袖カーデ

COLUMN
3

セックスレスの原因はボーダー!?

私は昔からボーダー柄が大好きなのですが、どうやらボーダーを着る女性はモテないという説があるようです。そのままずばり、タイトルとなっている本（ゲッターズ飯田著『ボーダーを着る女は、95％モテない！』マガジンハウス刊）も出版されているようですが、どうして「ボーダーのトップス＝モテない」となってしまうのか、少し考えてみました。

色はブルーや黒が基本、形もすとんとしたシルエットのものが多い。そして何より、ゲイの男性が好んで着用している……どうやら、ボーダーは中性的な印象を強く押し出してしまうアイテムのようです。それも、単純に「モテる・モテない」レベルではなく、下手したら女性らしさを殺してしまうほどの究極のユニセックスアイテムなのかもしれません。

もし、あなたもボーダーが好きなら、どうか女性らしい体のラインが出るようなデザインのものを選ぶようにしてください。ただ、ばく然と選んだボーダートップスを着ていると、モテないどころか、女性として扱ってもらえなくなるのかもしれません。そして、もしあなたがセックスレスに悩んでいるとしたら……それはボーダーのトップスのせいなのかもしれません。

幸い、最近のトップスの流行は〝ゆるてろ〟。たとえボーダー柄でも、気になるところをカバーしつつ、体のラインを女らしく綺麗に見せるデザインのものがたくさん売られています。私と同じボーダー好きの皆さまが、〝モテ〟をキープしつつ、ボーダーアイテムを楽しめるよう、願ってやみません。

CHAPTER
4

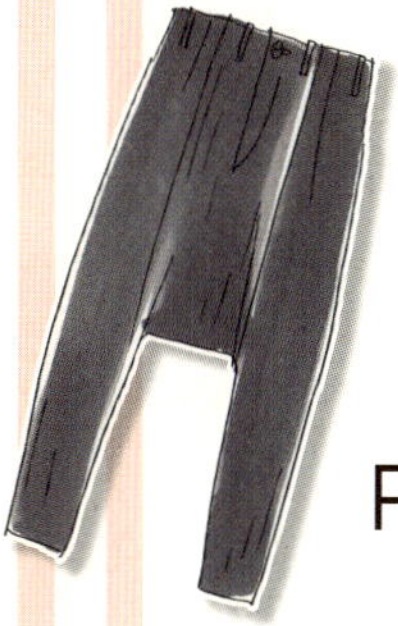

PANTS

*

着心地重視派の私が好きなパンツは
足さばきが楽なスタイルのものばかり。
最近お気に入りの、はき心地がよくて、
かつシルエットも美しく見える優秀アイ
テムたちをご紹介します

サルエルパンツ

スタイル悪く見えそうだし
難しそう!! と思われがちですが、

これほど
ラクチンかつ おしゃれに見える
パンツは ありません!!
腰まわりが ぼやけるので
スタイルを気にせず はけるのもGood!!

単体だと
こんなシルエットですが
怖がらずに
挑戦してみて

デニムを
サルエルに
変えるだけで
おしゃれ度UP!

いつもデニムに合わせているような
トップスのまま〃サルエルに。
それだけでコーディネートが格上げされる。

なるべく
足首を見せて
細さを強調しよう。

ジャージー素材なら
ひざ辺りまでたくし上げるのも。

マノロ ブラニクの黒でヒールは約7センチ。つま先がガッツリ出るので、ペディキュアをきれいに塗っている時にしかはけない、女っぷりを試されるパンプス

ジャケットを合わせればきちんとした場所にもOK!
これからやりたいのはコレ
ブラウスを前側のみウエストイン。
出すか入れるかはっきりしろ!の中途ハンパさがかわいい

44ページで紹介しているアライアの黒エナメルと同型で、ゴールドのパイソン素材。同時にではなく、黒を買った数年後にパリのアウトレットショップで見つけ、驚喜♡

PANTS*

ブラウスをインして
ウエストマーク。
ベルトがわりのリボンがあると
それだけで華やぎが。

パンツ丈が短ければ
フラットも有り

しかし!!

サルエル初心者は
まず黒を一本。

ラクすぎて
後戻りできない
体になっちゃうかも
・・・・

どうしても足は
短く見えるので
ハイヒールがマスト
です!

靴が大好きなので、お手入れはマメなほう。裸足ではくサンダルやパンプスの内側の汚れ落としにおすすめなのが「コロンブス アウターインナーローション（税込525円）」。ふだん見過ごしがちな靴の内側が感動するくらいに美しくなります

ワイドパンツ

確実に足が長くスタイル良く見えます！
選ぶ素材によって、着こなしの印象ががらりと変わるのも楽しい。

張り感のある素材ならブラウスインできれいめに。

ゆるテロ素材なら
トップス次第で
日常着からお出かけ着に。
トップスの丈が長すぎると
もたついた印象に…。
長くても
腰骨くらいまでが
キレイだと…

アウターは
足長効果を損なわないためにも
ショートJKを。

雑誌の撮影用に借りたコーディネート。パンツと靴はデザインワークス。デザインワークスのものは、お値段も手頃で、大人カジュアルに使えるアイテムがいっぱい♡

白のワイドパンツは
「大人の女」+「上質感」をかもしだす
最強アイテム！
リゾート感が
あってGood♥
トップスにシルクや
レーヨンニットをプラスすれば
「上等な大人の女」がコンプリート!!

こっそりスカル模様が隠れている、ペラフィネのカラフルストール。気に入りすぎて色違いで購入。実はもう1色紺があったのですが、それは泣く泣くあきらめました……

ワイドパンツの時のヘアは…

トップは軽く盛る

どうしても
ボトムが重くなるので
まとめ髪がお約束。

「無造作に
手ぐしでまとめた」感が大事！

ヘアクリームなど少量つけてタバ感を出すとなお良し

ハイヒールにしか
合わせないつもりで
パンツ丈を長めにすると
靴を脱いだ時に
悲しいことに…

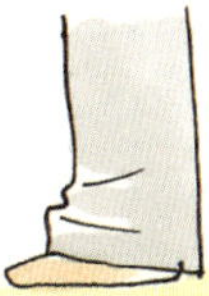

私はいつも
「はだしで
床スレスレ」の
丈にしてます

ハイヒールが多い人は
プラス1〜2cmね。

そうするとローヒールから
ハイヒールまで
合わせられる!!

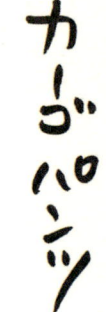

カーゴパンツ

ミリタリー風味のものには
女度の高いアイテムを合わせると使い易い。
「軍隊あがりのおっさん」にならないように
パーカーやスニーカーは厳禁!!

キラキラ・お花・レースなど
対極アイテムを投入して下さい。

対極アイテムがない時は
肩出しで
女度をブーストして!
こういう時こそ
ゆれるロングピアスを。
今欲しいのは スウェット素材の
ラクラクカーゴ!

カモ（フラージュ）柄が大好き！ でも、このパンツに出会うまで、カモ柄カーゴは“やりすぎ”な気がして実は持っていませんでした。このパンツは柄の入り方が完璧すぎる！

真冬のノースリーブニットには
ロンググローブを。
こういうの
よく
MARNIに
ありますね

こんなコーディネートなら
さりげなく本物の軍パンが
混じっていてもOK
レイヤーが重い印象になりそうな時は
足首を出して軽く見せよう。

これまたお気に入りのカモ柄ストール。本当にカモは、品のいい模様の入り方のものを探すのが大変！このストールはグレーベースなので、シックに使えるかも♡

迷彩《カモ》LOVE!

20代の頃からミリタリーものが大好きで
アメ横の中田商店で
アルファ社のM・65やMA・1などを
買っていた私…。
今でも好きだけど本物にはこだわりません。
「風味」が効いてるくらいがちょうどいい。

カーゴパンツはその「風味」の最たるものです。

こんな大人になって
本物を着てたら
ヤバイ人ですから

いまだに後悔してるのは
ディオールのシフォンの
カモスカートを
買わなかったこと…。

「風味」と
いえば
こんなものも

GIジェーンに
ならないように
気をつけよう…。

あの
カモ柄は
よかった…

カモにも良し悪しが
あるので…

COLUMN
4

脅威のニューカマー・サルエルパンツ

この章で紹介しているサルエルパンツ。これは目下、私の中の評価が急上昇している優秀アイテムです。合わせるアイテムしだいで、カジュアルにもコンサバにもモードにもなる、デニムに負けず劣らずの万能アイテム。

　なんとなく流行っていることは知りつつも、見た目の珍妙さに惑わされ、なかなか私も手が出せないでいました。なのに一度試着したら、「これは使える！」。以来、数少ない私の手持ちパンツの中でも出番の多いアイテムとなりました。

　普段ならデニムを合わせるところをサルエルに代えるだけで、一気におしゃれ上級者に。股上が深い、風変わりなカッティングがスタイルを悪く見せてしまうと思いがちですが、実際にはいてみると、断然シルエットが新鮮になるのです。

　お店には素材やシルエットや色など、さまざまなバリエーションのサルエルパンツが並んでいますが、まずは普段着として気軽にはける、黒のジャージー素材のものから試してみてください。はいた時の楽ちんさ、シルエットの新鮮さ、意外なほどの着こなしの幅に、あなたもきっと驚くはずです。

　このように私にとって「言うことなし！」のサルエルパンツですが、実はこれも中性アイテム。確実におしゃれに仕上がりますが、男性受けはあまりよくないと思いますので、デートの時にはご注意を。

CHAPTER
5

DRESS

*

1枚で着こなしが完成するワンピースは何枚あっても困らない優れもの。お気に入りの1枚が見つかれば、あなたのワードローブの財産に

DRESS*

マキシドレス
暑い夏こそ
楽ちんなマキシドレス。
そのうえバランス良く
素敵に見える！
冷房の足冷えにもgood!!
実はオーバー30向き!!

ERICA'S
REAL
CLOSET

肌寒い日や冷房よけに
薄手のストールを持ち歩いて。
私的にはコレNG!!
WARNING!!!
絶対こっちのがかわいい!!
サマードレスの下にTシャツを重ねる人がいますが…。
ちっとも可愛くないのでやめてもらいたい。
一枚で着るのが恥ずかしい人は
半袖カーディガンを!

近所にある"マダム御用達"的なカジュアルセレクトショップで購入。着やすくて涼しくてかわいくて、本当に重宝してます♪

サックドレス

世代を問わず 流行に左右されず 誰にでも 似合う最強ワンピ！

バイカラーは
色の組み合わせで
シックにも ポップにも

大好きなミナ ペルホネンの葉っぱ柄の総ししゅうワンピース。色合いが涼しげで、一枚でキマる、夏のヘビロテワンピース

DRESS*

サックドレスは
それひとつでお洒落が完成！
便利アイテム。
大胆な色・柄のものならNOアクセで。
大きなりぼんが
アクセントになっているので
NOアクセで。
JKやカーディガンを
プラスすれば3シーズン以上
いける！
NOボタンの
カーディガンが好き♡
ボタンがあると
どこまで
かけるか悩むので
サック系には
やっぱり
ローヒールが
可愛いと思う！

DRESS*

ツイードサック三変化

薄手のスヌードはアクセ兼防寒に。
フラワーレースのタイツで寒い季節にこそ華やぎを。
ツイードサックで秋冬は乗り切れる！
カーディガンを合わせればかなり寒い時期もOK！
初秋ならナマ足+ブーツ!!

このピンクはルブタン氏が来日したときの受注会で本人が選んでくれた色。小さな革見本でみたときは「いいじゃない♡」と思ったのに、出来上がりがものすごく派手でびっくり

極寒期は
薄手のタートルニットを
プラス。
ミニ丈もタイツやブーツと
合わせて気軽に使おう!
パールのロングネックレスも
寒い季節のほうが
気分でしょう。
ニットや
フエルトのコサージュがあれば
きもちとコーディネートに
うるおいが…♡
最近は
超軽量の
コットンパールが
使い易くて好き!!

ジャージードレス

カジュアルに
気兼ねなく使えるジャージーも
厚手タイプなら張り感があって
特別なシーンにもイケる。
薄手タイプは
とにかく着ごこち満点。
小物を足せばおしゃれ度UP!
太ベルトを
プラスして
コーデ格上げ!
ジャージーの
唯一の難点は
ラクすぎて
毎日着たく
なるところ!
気に入ると
ずっと同じ格好の人

着心地のいいジャージードレスも通年の偏愛アイテム。ジャージーとかニットとか、パーッとその辺に脱ぎ捨ててもしわにならないお洋服が好き♡

冬のプラスアイテム
薄くて柔かいジャージーは
重ね着にも最適！
ロングベストやセーターを合わせて
着回そう。
首元にスヌードやファーを
プラスすれば より変化がつく。
プラスするアイテムを
選ぶのも
ワンピースの楽しさ！

姫ドレス

ギャザーたっぷりの
ふんわりしたドレスはやっぱり
永遠の憧れアイテム♥
色や素材を選べば
R40のオトナにだって
絶対OK!!
最近は
こんなのを
着たい気分です
……♥
黒やグレーなら
抵抗ないよね!

一条ゆかり先生にもほめられた
シーバイクロエのワンピース。と、
それを着たアンドリュー・ヤン氏によ
るカスタムオーダードール

今欲しいのはツイード素材のドレス。
ケイタ・マルヤマの刺しゅうカーディガンを合わせてラブリー全開で!!
これを羽織れば真冬も安心
こういうドレスは過剰な印象にならないようにアクセは控えめに!
私がプラスするのはベルトくらいです
特別な日にはパニエを重ねるのも有り!!
黒いドレスなら思い切ってカラフルなパニエもGood!!
超ミニパニエは原宿にいっぱいあるけど…ひざ上くらいのもの探してます。

異素材ワンピース

最近よく見かける
異素材コンボ・ワンピース。

チュールやレースで気分アゲ!!
一枚でスタイルが完成する
スグレ物!!

コムデギャルソン別注、sacaiのワンピース。上半分のカジュアルさ具合と下半分のスカートの繊細さのギャップがたまりません。実はこれが初sacaiだったり

異素材コンボも
同色だとシックにまとまる。
今欲しいのは
ニット×グログランの
バルーンドレス♥
この3枚とも
寒い時期には
ライダースを羽織って
レギンスを
重ねれば
通年アイテムに
やっぱ黒?
sacaiか
enföldで
作って〜〜♥
ワンピース好きの
私としては
毎日ワンピでも
いいな——…♥
ショート丈の
エンジニアブーツを
合わせたい!

COLUMN 5

死ぬまでワンピース主義

昨今のワンピースの大流行はワンピース好きの私にとってはうれしい限り。単品でかわいくて、コーディネート不要、よそ行きから普段着に使えるようなものまで、３６５日ワンピースで過ごすことだって可能なくらいに、種類も豊富に出そろっています。

30歳を過ぎた頃、すごく好きなのに、かわいい服やものをあきらめてしまった時期がありました。

「ずっとこのままでいいのかな？」

「このまま〝かわいいもの〟ばかり好きでいたら、変なオバサンになってしまうのかな？」

今思えば〝三十代〟という年齢にとらわれ、「自分は大人なんだから、ちゃんと大人っぽい格好をしないと」と必死になっていたのでしょう。

そして40歳を過ぎ、肩の力も抜け、もう十分に大人であると思えるようになってからは、自然とまた十代や二十代の頃に大好きだった〝かわいいもの〟への回帰が始まりました。

いくつになっても、好きなものや好きなことを我慢する必要なんて全然ない。それでも、私にとって、一度は立ち止まってみて、〝かわいい〟を卒業するかどうかを自分で判断するプロセスは必要だったのでしょう。

というわけで、これから五十代を迎えようとしている私は、大好きなワンピースを死ぬまで着ていきたいと思っています。どうか皆さまも、年齢に振り回されず、好きなものを好きなように着ていかれますように。

CHAPTER
6

COAT

*

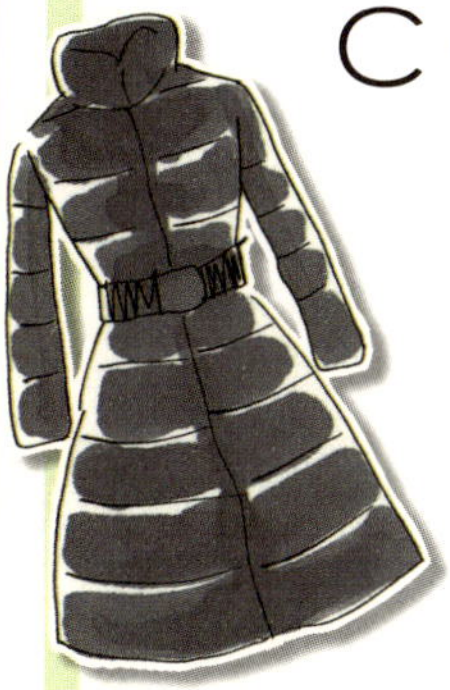

“おしゃれは我慢”という意見もありますが、私の場合は防寒重視。軽くて暖かくて、なおかつ見た目もかわいいアウターを常に探し求めています

スプリングコート

お気に入りの
薄手のコートがあれば
春と秋はもう困らない。

トレンチ以外の
コートが欲しかったので
これを見つけた時は
本当に嬉しかったです！

素材は ツヤと 張り感のある グログラン
グログランは 形づけしやすい！ えりを立て やすいよ

ERICA'S
REAL
CLOSET

細身のパンツから
ジャージーワンピースまで
何に羽織っても サマになる。

マルニのユーズド加工ムートンブーツ。寒いときは、もちろん折らずにはいています。買ったばかりでも「それ何年め?」と聞かれるくらいのユーズド加工っぷり

コートにコサージュ。
それだけで華やぎのあるコーディネートになる。
けっこう寒い季節でも袖はまくり上げてます。
袖口からセーターが出てるのも可愛い
そして前も開けたまま。
ストールがあれば暖かいしアクセントに!

実際のコートのシルエットはこんな感じ。張りがあって、形状記憶な素材感、わかりますか？　アップの写真のコサージュはランバンのもの。ジャケットのページにも登場してます

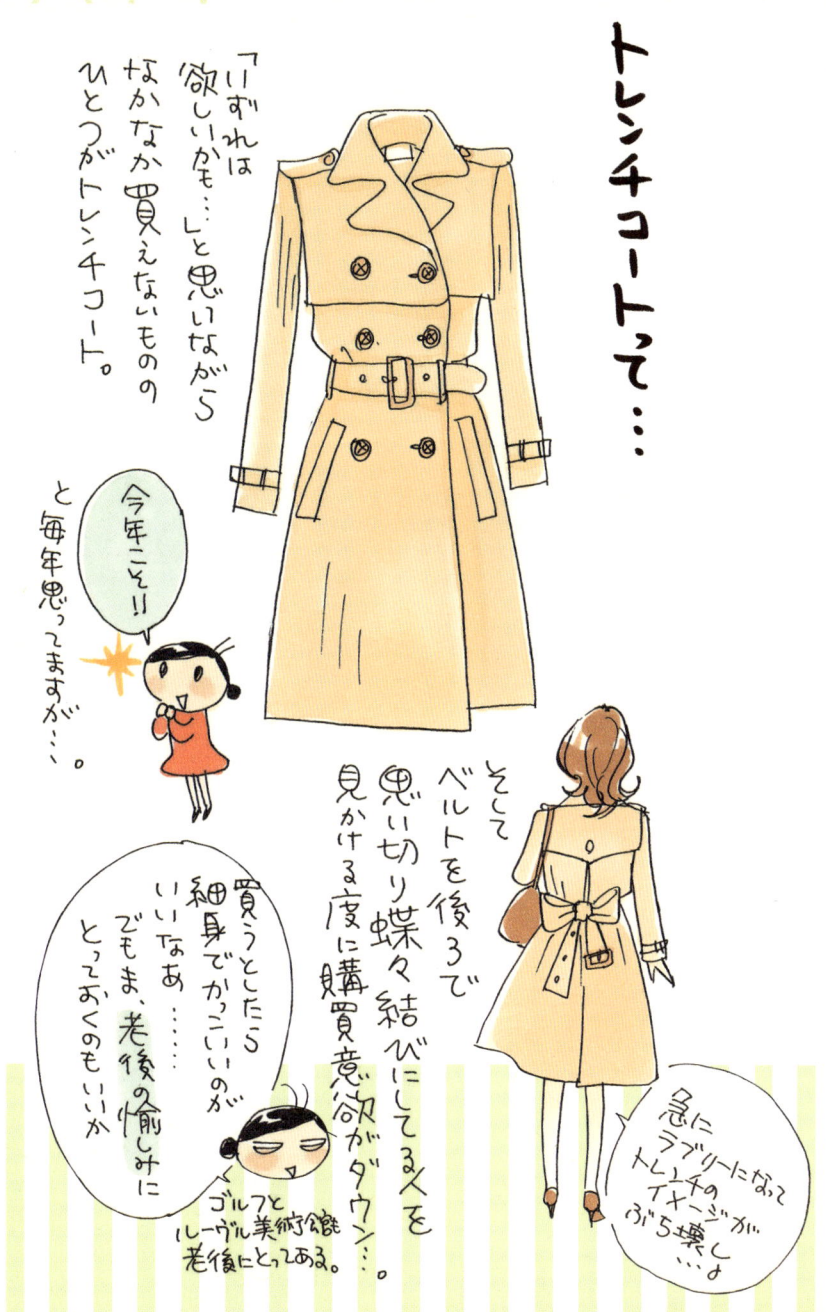

トレンチコートって…

「いずれは欲しいかも…」と思いながら
なかなか買えないものの
ひとつがトレンチコート。

今年こそ!!

と毎年思ってますが…。

そして
ベルトを後ろで
思い切り蝶々結びにしてる人を
見かける度に購買意欲がダウン…。

急に
ラブリーになって
トレンチの
イメージが
ぶち壊し
…よ

買うとしたら
細身でかっこいいのが
いいなあ……
でもま、老後の愉しみに
とっておくのもいいか

ゴルフと
ルーヴル美術館も
老後にとってある。

COAT*

ダウンコート

寒がりなので
真冬はダウンしか
着ていません。

それもある程度
丈が長いもの…。
おしゃれよりも
防寒が重要な冬の私…。

おもに
スキニーパンツに
合わせてます！

毎年欲しいけど
買えずにいるもの
その2

UGG

あったかすぎて
他の靴が
はけなくなるので
あえて買ってません。

大きな衿はラビットファー。ダウンなのにエレガント。
とにかく暖かいのでひざ丈くらいのワンピースの時はコレ。
色違いでベージュファー×カーキがあって迷った〜〜!!!
前をあけて着るとモッズコートのようなシルエットに!
ちょっとボリューミーなので足元はブーツでないと負けてしまう。

UGGのブーツは持っていませんが、ムートンスリッパは愛用中。奥で寝てるのはわが家の猫、メロちゃん

ダウンといえば
モンクレールですが。
あの袖の
ワッペンが
やなんですけど
もしや
私だけ？
私のコレも
モンクレールですが
昔のなので
ワッペン無し。
パリに行ったら
ワッペン無しで
シックなものが！
ぜひ日本でも
買えるように
して欲しいです。
いいな
ここ数年ヒットしてた
モンクレールと
サカイのコラボが
今期で
終了の
うわさ…。
欲しい人は急いで！

ダウンにヒョウ柄のイヤーマフ、ストール、そして手袋。これが真冬の標準装備です。さらに寒いときにはカイロをふところに忍ばせて……

COAT*

これから欲しいもの
五分袖くらいでケープのように軽く羽織れるダウン。表地はナイロンでもウールでも♡
ロンググローブをすれば寒くない！
レースのロングスカートなんか合わせたいな♥

無印良品のグレーカシミヤストール。お店で見て触って、感動して購入。色違いでもう一枚買う予定……でしたが、あまりにも色の種類が多くて選びきれずに、現在悩み中

COAT*

ベーシックコート
今欲しいのはこういうふつうのコート。
ニットのストールをぐるぐる巻きに。
ブーティを合わせてより大人でシックに。
上等なカシミアで軽いのがいい…♡
気づけば黒コートしか持ってないので明るめの色が欲しいな

Aラインのショートコート。
マイクロミニにもスキニーにも。
ニーハイやサイハイブーツでマイクロミニを攻略しよう！
ボリュームのあるスヌードをプラス!!
ファーもGood♥
これもジバンシィbyリッキー

ローゲージニットのスヌード。ピンク×黒の組み合わせが好きなので、迷わず購入。巻き方によってピンクを多く出したり、黒を多く出したりと調節できるのが楽しい。そしてとにかく暖かい！

主役コート

今 衿に オーストリッチの羽根が!!
背中に おまけが ついてます。
オーストリッチのりぼん!!
取りはずせますが
はずしたくない!!
でも はずすと こんなかんじ
これは 数年前の 「ジバンシィ」のもの。 デザイナーが リカルド・ティッシになってから 劇的にかっこよくなった!!
実は
も
も
ジバンシィ
オーストリッチが グラムっぽい のかな
エレガントなのに なぜか これ見ると マーク・ボランを 思い出す私。

ヒョウ柄手袋と革手袋。アニマル柄が大好きなのですが、基本的に1コーデ1アイテムと決めてます。これもカモ柄と同じく上品な模様に出会えれば、迷わず即買い

COAT*

MARNIでオーダーしたファーコート。

初懐妊の時なので
もう10数年前!?

人生最大に太っていた時で大きめをオーダーしてしまった…

中に厚手のセーターもいけるので、ま、いっか

衿は取りはずせる。シンプルでまた素敵。

裏地はプリントのコットンで MARNIらしさ全開!!

そういえばステラ・マッカートニーは革製品を作らない。すごいことだと思う

毛皮のコートを欲しいと思うことはこれから先はもうないでしょう。
このコートを着る度たくさんの殺生のうえに自分が生きていると思う。
だから手に入れた限りは大事にしなきゃ。
靴もバッグも…ね!!

毛皮なのに、こんなにかわいくて軽くて暖かい。これは大事にして、おばあちゃんになっても着る予定でいます

COLUMN
6

冬の定番・お家でもダウン

寒がりの私にとって、軽くて暖かいダウンはアウターの中でも別格の一着。「いつもダウンばかり着ているなんて、おしゃれじゃない！」と思いつつも、冬場はどうしてもダウンばかり着てしまいます。

　自宅の仕事場にもアウトドアメーカー、モンベルの十年物の薄手のインナーダウンベストが一年中スタンバイ。ダウンのアウターは今でこそ、ユニクロなどのファストファッションブランドから、安い価格で提供されていますが、当時はアウトドアメーカーくらいでしか手に入りませんでした。もうずいぶん長い間使っているので、夫からも「そろそろ買い替えなよ？」と言われたりする年代物ですが、長年の徹夜仕事の友として過ごしてきた夜を考えると、まだしばらくは手放せそうにありません。

　お出かけの時には、たまには気合いを入れてダウン以外のアウターを着ることがあっても、部屋では常にダウン。私の冬の定番スタイルです。外出時の防寒にも、部屋着としても役立つダウン。特に薄手のダウンベストは腕が自由に動かせるので、水仕事などの家事をする際にもおすすめです。

　ちなみにモンベルのダウンベストを手に入れるまでは、首と肩の防寒はもっぱら〝首タオル〟。動きやすいうえに、真冬の底冷えする冷気を強力に防いでくれていました。

CHAPTER
7

OTHER ITEMS

“大人かわいい”の秘訣は靴やバッグ、アクセサリーなどの小物類にこそあるのかもしれません。甘さを足したり、引き締めたり…甘辛コーディネートの調節に役立つアイテムを集めました

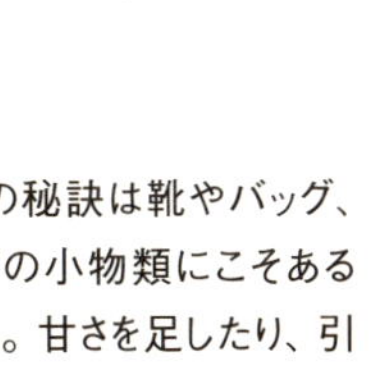

OTHER ITEMS*

ブーツ

季節を限定せずに
使えるブーツは
コーディネートのキモ！

自分の足(ふくらはぎ)に
ぴったり合うものを選べば
最強のパートナーに!!

「ピエール・アルディ」
お得意のラバー底ブーツ。

次は同じ
ラバー底で
ショートブーツが
欲しいな♥

エンジニアブーツ

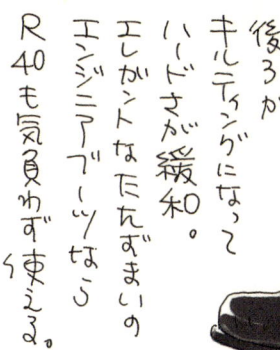

後ろがキルティングになってハードさが緩和。エレガントなたたずまいのエンジニアブーツならR40も気負わず使える。

Butteroの定番タイプ

MARNIのブーツたち

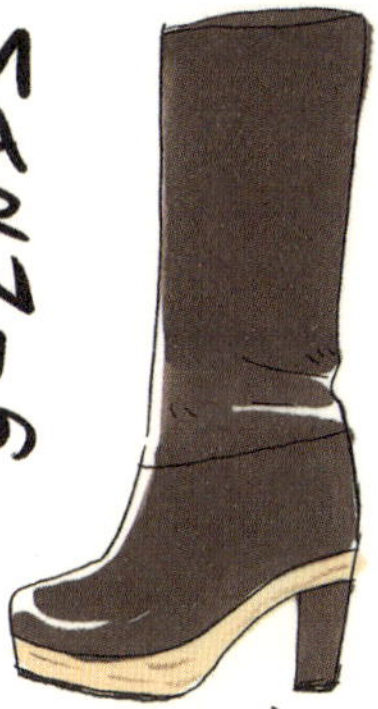

筒まわりがピッタリで足が長くまっすぐに見える!

★wood底で軽い

内側の革が赤!!

スキニーにもミニスカにも! パンチの効いたアクセントになる。

だいぶ昔のものですが大好きで…♥

ペラフィネはヤンキーっぽくなるので、お洋服はあまり買わなくなりましたが、小物はいまだに時々チェック。このインパクトのあるニットストールはマリファナ柄。自由の象徴らしいです(笑)

パンプス

美しいうえに
歩きやすいパンプスは
なかなか出会えない宝物！

思い切って2足買いすることも!!

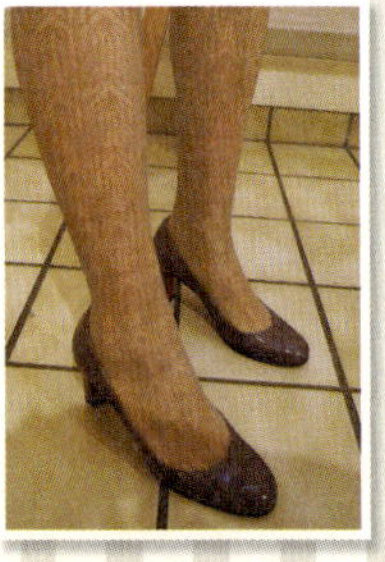

パンプスにはベージュのレースストッキングを合わせて。シンプルなデザインの靴が多いぶん、ストッキングで遊んでいます

圧倒的に好きなのはエナメルパンプス
艶で気分がアガる♥

いちばん使うのは「ルブタン」の7cmヒール。あまりにも出番が多いので色違いをもう1足追加。

「ALAIA」の9cmヒール。ゴールドのパイソンの他に黒エナメルも。

「CHANEL」のカメリア付きレースのピンヒール。ここぞという時の秘密兵器!!

10cmヒールなのに驚くほど快適なはきごこち!

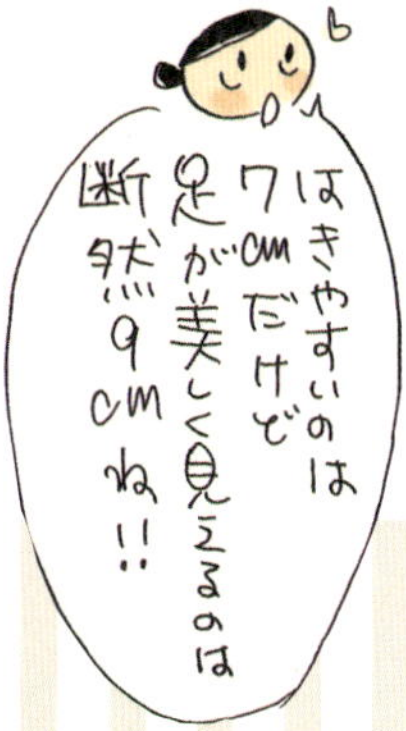
はきやすいのは7cmだけど足が美しく見えるのは断然9cmね!!

いつもの靴

安定感のある
ウエッジソールは
ヒールが高くてもラクチン。
私が愛用しているのは
「ルブタン」の5cmヒール。

どこまでも歩ける
エナメルのメリージェーン。
NBがやってる「アラボン」の
ド定番シューズですが
はく度に問い合わせが
ある靴。

なんでもない「パトリック」の
ローカットスニーカー。
シルバーっぽく加工されてます。

何にでも合うので
はき過ぎてボロボロ…
そろそろ買い換え？

「エルメス」の
エナメルローヒール。
配色の可愛さに
やられました。

デニムや
サルエルなど
気軽に
合わせてます。

ウイングチップも
ツボ…♥

夏の定番・ビルケン。手前のターコイズブルーが私ので、奥の白は息子のもの。かわいいし、はきやすいんだけど、ベルト付きだと意外に着脱がめんどくさい。次はスポッとはけるタイプのものを買おうっと

バッグ
やっぱり CHANELよね♥
おでかけの時は
ショルダーにも
ななめがけにもできる
定番のマトラッセ。
メタリックカラーなら
コンサバ払拭！

セレクトショップ「リステア」とシャネルの別注ミニチェーンバッグ。これを使いたい時の持ちものは、お札とケータイ、ハンカチとグロスのみ。久々に身悶えして買ったバッグです

いつものバッグたち

いつでもどこでも
持って歩ける
軽〜いショルダーバッグなら
バレンシアガがベスト。

旅行の時にも
大活躍の便利なバッグ。

バッグ選びの最大のポイントは軽さ!!
もうそういうトシです…

毛皮がはげるほど使ってる
アストラカンのバッグ。
(仔羊)

手さげ型の
シンプルな
バッグが
大好き♥

ゴールドの革の
シンプルなバッグ。

minä perhonen

ミナ ペルホネンのエコバッグ。展示会に行くともらえるので「これだけもらって帰るんだ!」と決めていても、ついつい……

アクセサリー

ノースリーブの時はもちろん
シンプルな着こなしのアクセントに。
腕がきゃしゃに見えるので
大ぶりなものが好き♥

クロコダイルやリザード、
パイソンの革を張った
バングル。

上品でシックで新鮮！

スタッズと
スワロフスキーが
ゴロゴロついた
ブレスレット。

woodの
バングルは超昔の
「CHANEL」

たまにはこんな
「ルル・フロスト」のブレスも…♥

お花！
リボン！
スワロフスキー！
三種の神器

本物の石にこだわった時もあったけど
今は可愛さ重視！

アンティークパーツを使った
ゆれるピアスは
NYの「ルル・フロスト」のもの。

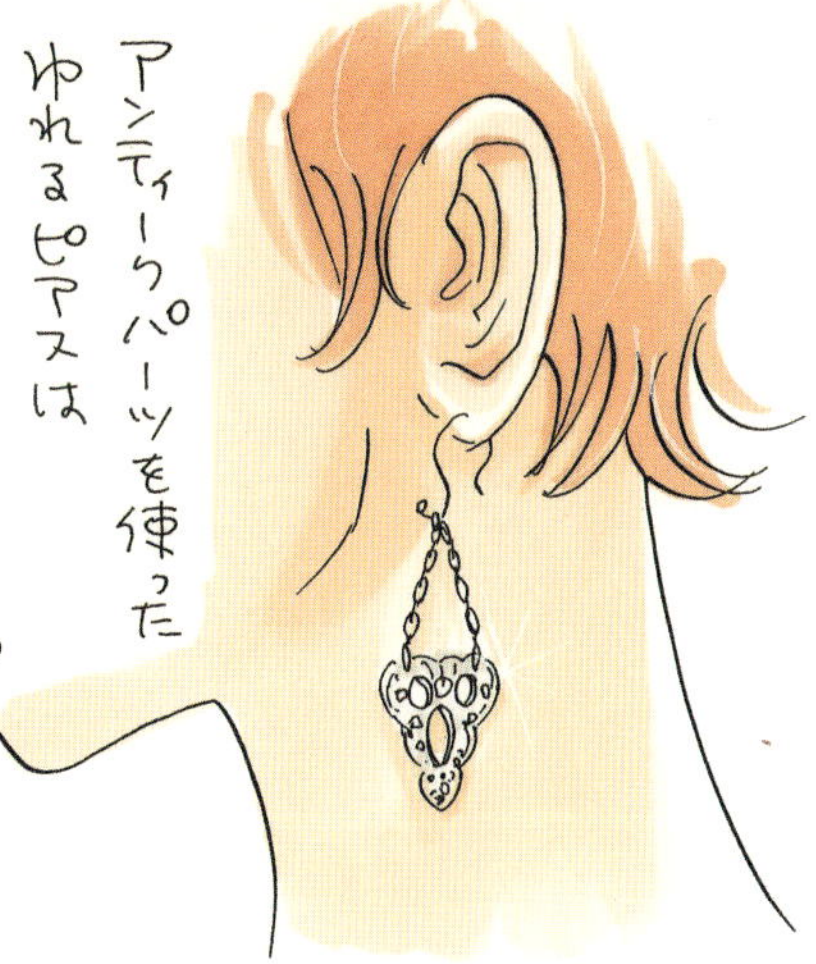

最近
よくつけてます

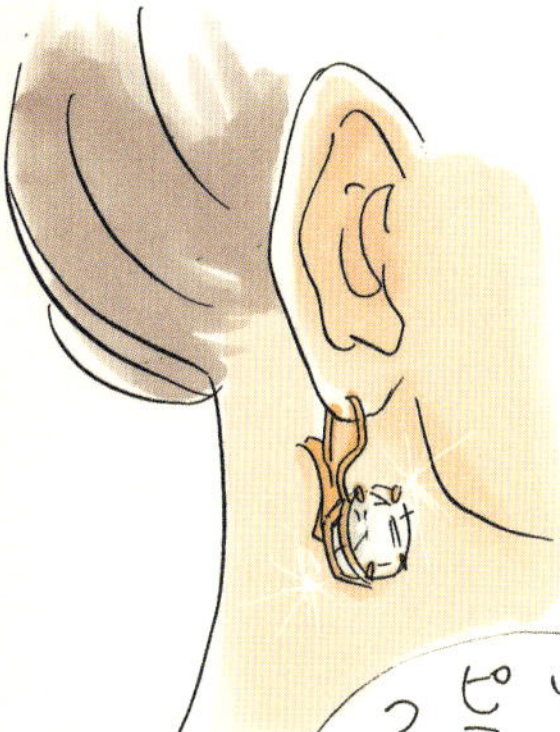

大ぶりの
スワロフスキーは
お出かけ時に。

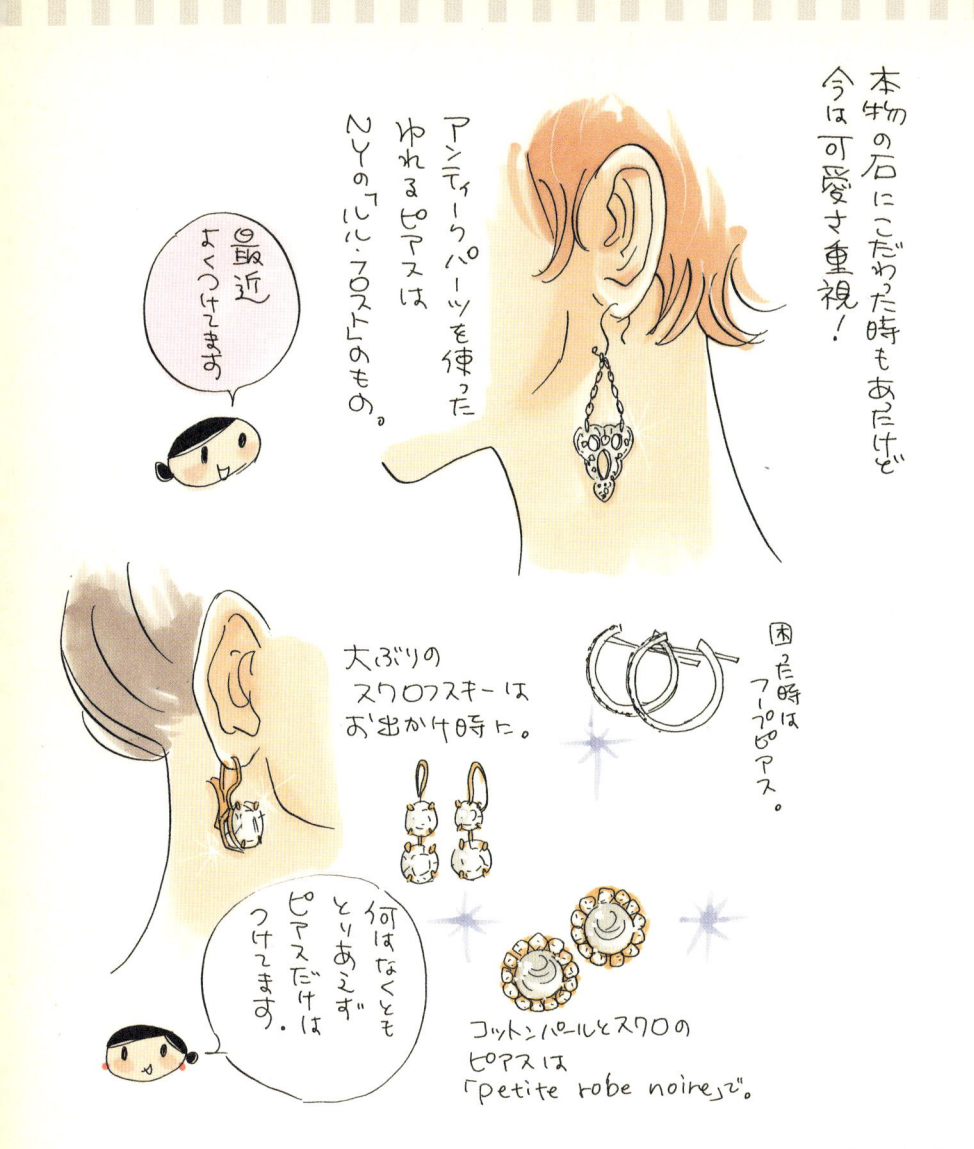

困った時は
フープピアス。

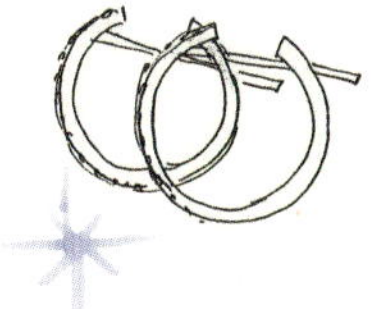

何はなくとも
とりあえず
ピアスだけは
つけてます。

コットンパールとスワロの
ピアスは
「petite robe noire」で。

アクセサリーのハンガートレイ。中に収納もできるので、ふだん使うものはみんなここに。写っているのは毎日のように使うお気に入りたちばかり

COLUMN

7

高級ブランドとファストブランドと

きっかけはたいてい引っ越しが多いのだけれど、何年かに一度、必ず私を襲う「クローゼットの大整理ブーム」。ある日突然、クローゼットの中身を大胆にも処分してしまうのです。

「一生着られるから」と思って買ったシャネルのスーツ。けれども「洋服に一生ものはない」と気づいてしまいました。素材やデザイン、カラーなどでランクがはっきりしてしまうエルメスのバッグ。ある日突然、すれ違う女性相手に、まるで「名刺じゃんけん」ならぬ「エルメスじゃんけん」をやらされている気分になったのです。

昔は気に入ったものを片っ端から、値段を見ずに買っていたのですが、結婚してからはコストパフォーマンスも重視。たとえ高級メゾンのものでも、ファストブランドのものでも、自分が気に入ったものを「これは自分にとってリアルな価格だろうか？」と吟味してから買うようにしています。

たとえばＨ＆ＭのタンクトップやＴシャツ。安くて旬のデザインのうえに、上質なオーガニックコットンを使っているので、何度もリピート。たくさんのメーカーや下着屋さんが出している、体を締めつけないブラトップ。いろいろ試してみた結果、ユニクロのヒートテック素材のものが一番優秀でした。無印良品にいたっては、デザイン、品質ともに、もはやファストブランドとは言えない、という結論に。

年を重ねていくと「あまり安い物ばかり着ていていいのだろうか？」と不安に思うこともあるでしょう。でも、自分が気に入ったものを「リアルな価格」で手に入れるのはおしゃれを楽しむうえで、とても大事なことだと思っています。

初出
この作品は「WEBコミックエッセイ劇場」http://www.comic-essay.com/ にて
2012年5月～ 10月に連載されたものに加筆・修正を加えたものです。

おわりに

来年、50歳になります。

昔は年を取れば、いろいろなものをあきらめたり、手放さなければならない、と思い込んでいました。大好きなおしゃれも、〝かわいいもの〟も。

もう30歳なのだから〝かわいい〟は卒業して、大人の女性らしくしなければ。

もう40歳なのだから、おばさんらしく、落ち着いた格好をしなければ。

どうやらファッションに「女性らしさ」というフィルターをかけてしまうと、とたんに年齢という窮屈な制限が加わってしまうようです。
「女性として」ではなく、「ひととして」どうありたいのか。
「女性として」ではなく、「ひととして」どう見せたいのか。

そう考えていくと、いつまでも〝女らしく〟は難しいかもしれないけれど、いつまでも〝かわいく〟は案外、簡単なことのように思えてきませんか？

現在49歳の私は、このまま肩の力を抜いて、気負うことなく、さりげなーく五十代を過ごし、ゆっくりと時間をかけて〝かわいい〟おばあちゃんになれればいいな、と思っています。

どうか皆さまも、かわいらしく年を重ねていけますように。

〝かわいい〟を手放したくない、すべての女性たちに。

２０１２年11月　桜沢エリカ

大人のための
スイートスタイル
BOOK

エリカの偏愛クローゼット

2012年11月30日 初版第1刷発行

著者
桜沢エリカ
発行者
松田紀子
発行所
株式会社メディアファクトリー
〒150-0002 東京都渋谷区渋谷3-3-5
電話 0570-002-001
印刷・製本
図書印刷株式会社
ブックデザイン
アルビレオ
撮影
青木武紀／九里直美／福島綾乃
協力
ナデシコプロ
www.nadeshico.co.jp

ISBN 978-4-8401-4808-5 C0095

桜沢エリカ

ERICA SAKURAZAWA

1963年、東京都生まれ。漫画家。
10代でデビューして以来、コミック誌やファッション誌、
WEBなど多方面で活躍中。
女性の心情をリアルに描写した漫画や
イラストを多く手掛けるほか、
そのライフスタイルも注目を集める。
『天使』『恋の香り』『メイキン・ハッピィ』
『脱・女子!』など代表作多数。
97年に飛鳥新社より選集（全10巻）刊行開始。
『シッポがともだち』『今日もお天気』シリーズなど
コミックエッセイにも定評がある。
趣味は健康道追求、バレエ鑑賞、お買い物。
桜沢エリカfacebookページ
http://www.facebook.com/ericasakurazawa